Gott sei Dank

Die St. Galler Singtaglieder 2009–2012

Herausgegeben von der Evangelisch-reformierten
Kirche des Kantons St. Gallen

T V Z
Theologischer Verlag Zürich

Bibliografische Informationen der Deutschen Nationalbibliothek
Die Deutsche Nationalbibliothek verzeichnet diese Publikation in der
Deutschen Nationalbibliografie; detaillierte bibliografische Daten sind
im Internet über http://dnb.d-nb.de abrufbar.

Umschlaggestaltung
Simone Ackermann, Zürich

Titelbild
OHA Werbeagentur GmbH, 9472 Grabs, www.oha.li

Notensatz
Andreas Hausammann

Druck
AZ Druck und Datentechnik GmbH, Kempten

ISBN 978-3-290-17648-8

© 2012 Theologischer Verlag Zürich

www.tvz-verlag.ch

Unsere Singtag-Lieder

Seit 2009 empfiehlt die Spurgruppe Repertoire der Evang.-ref. Kirche des Kantons St. Gallen jährlich 12 zeitgemässe Kirchenlieder zum Gebrauch im Gottesdienst und im sonstigen kirchlichen Leben. Beim Kantonalen Singtag werden diese Lieder jeweils allen Interessierten vorgestellt und im liturgischen Rahmen gemeinsam gesungen. Die Teilnehmenden nehmen sie mit nach Hause, wo sie sich im örtlichen Gemeinde-Repertoire etablieren. 2012 scheint uns die Zeit gekommen, die bisherigen 48 Singtag-Lieder in Form dieses kleinen Liederbuchs einer breiten Öffentlichkeit zugänglich zu machen.

Die Reihenfolge der Lieder richtet sich nach den fünf Teilen der evangelisch-reformierten Liturgie:

Sammlung (Lieder 1–6) / Anbetung (7–21) / Verkündigung (21–26) / Fürbitte (27–36) / Sendung (44–48). Die Lieder 37–43 eignen sich für Gottesdienste zu besonderen Anlässen im Kirchenjahr oder für Kasualien.

Wir wünschen frohes, gelingendes, bereicherndes Singen!

Für die Spurgruppe Repertoire

Andreas Hausammann
Beauftragter für populäre Musik der Evang.-ref. Kirche des Kantons St. Gallen

Weitere Informationen zum Repertoire-Projekt der Evang.-ref. Kirche des Kantons St. Gallen und zu den Kantonalen Singtagen sind zu finden unter www.ref-sg.ch/singtag. Begleitmaterialien zu den Singtag-Liedern können bestellt werden via musik@ref-sg.ch.

1 Gott sei Dank

1. In sein Haus sind wir___ ge - kom - men, ha - ben
2. Wenn sich die Ge - füh - le dre - hen, hal - te

uns die Zeit ge - nom - men, Gott sei Dank! Sein Ruf
an, bring sie___ zum Ste - hen, Gott sei Dank! Er kann

gilt nicht nur den From - men, je - der ist bei ihm will - kom - men, Gott sei
dein Prob - lem___ ver - ste - hen, jetzt ist Zeit, auf ihn___ zu se - hen, Gott sei

Dank! Die - se Zeit soll Gott ge - hö - ren, nichts und
Dank! Lasst uns al - les vor___ ihn brin - gen, er steht

nie - mand soll___ sie stö - ren, Gott sei Dank!
ü - ber al - len Din - gen, Gott sei Dank!

Wir sind hier, um ihn___ zu eh - ren und sein
Sein Geist soll uns neu___ durch - drin - gen, wenn wir

Text und Melodie: Albert Frey
© 1998 SCM Hänssler, D-71087 Holzgerlingen für Immanuel Music, Ravensburg

2 Stille lass mich finden

Stil - le lass mich fin - den, Gott, bei dir.
A - tem ho - len will ich, aus - ruhn hier. Vol - ler
Un - rast ist das Herz in mir, bis es
Frie - den fin - det, Gott, in dir, bis es
Frie - den fin - det, Gott, in dir.

T: Lothar Zenetti / M: Peter Reulein
© Strube Verlag, München

3 Wenn meine Seele endlich stille wird

1. Wenn mei-ne See-le end-lich stil-le wird vor dir, mein Herr und
2. Wenn mei-ne See-le end-lich stil-le wird in dir, du ew'-ger
3. Wenn mei-ne See-le bei dir stil-le ist,— an dei-nem Herz, mein

Gott, dann leg ich mich in dei-ne Hand hin-ein,— ruh aus, mein Va-ter
Gott, und blind ver-traut trotz Dun-kel-heit und Schmerz auf dich, den na-hen
Gott, dann nimmt dein Geist mich in dein Tun hin-ein,— führ mich, mein Herr und

Gott. Die Gna-de muss ich nicht ver-die-nen, nein, du gibst sie ganz ge-
Gott, dann will ich Ton in dei-nen Hän-den sein, ge-formt nach dei-nem
Gott. Es fliesst dein Se-gen durch mein Be-ten, Re-den, Tun, mein gan-zes

schenkt. Mein Herz blüht auf in dei-ner Ge-gen-wart, lässt los, was mich be-
Geist. Du prägst ein Bild tief in mein Le-ben ein von dem, der Chris-tus
Sein, er bringt die Lie-be, Kraft und Rein-heit sanft in Men-schen hier hin-

drängt. Wenn mei-ne See-le end-lich stil-le wird vor dir.
heisst. Wenn mei-ne See-le end-lich stil-le wird in dir.
ein. Wenn mei-ne See-le end-lich stil-le bleibt in dir.

Text und Musik.: Hermann Rohde, Crescendo

4 Herr, ich komme zu dir

Herr, ich kom-me zu dir, und ich steh vor dir so, wie ich
Herr, ich kom-me zu dir, und ich schüt-te mein Herz bei dir

bin. Al - les, was mich be - wegt, le - ge ich vor dich hin.
aus. Was mich hin - dert, ganz bei dir zu sein, räu - me aus.

Mei-ne Sor-gen sind dir nicht ver - bor-gen, du wirst sor-gen für mich.

Voll Ver-trau-en will ich auf dich schau-en, Herr, ich bau-e auf dich! Gib mir ein...

...neu - es, un - ge - teil - tes Herz. Le - ge ein neu - es

Lied in mei-nen Mund. Fül - le mich neu mit dei-nem Geist, denn

du be - wirkst dein Lob in mir.

Text und Melodie: Albert Frey
© 1992 SCM Hänssler, D-71087 Holzgerlingen, für Immanuel Music, Ravensburg

5 Da berühren sich Himmel und Erde

1. Wo Men-schen sich ver - ges - sen, die We - ge ver - las - sen
2. Wo Men-schen sich ver - schen-ken, die Lie - be be den - ken
3. Wo Men-schen sich ver - bün - den, den Hass ü - ber - win - den

1.–3. und neu be - gin-nen, ganz neu, da be-rüh-ren sich Him-mel und

Er - de, dass Frie-den wer-de un-ter uns, da be-rüh-ren sich Him-mel und

Er - de, dass Frie-den wer-de un - ter uns. ____ 2. Wo...
3. Wo...

Text: Thomas Laubach / Musik: Christoph Lehmann
aus: Gib der Hoffnung ein Gesicht, 1989 / alle Rechte im tvd-Verlag Düsseldorf

6 Ein Funke aus Stein geschlagen

Ein Licht in dir geborgen

1. Ein Fun-ke aus Stein ge-schla-gen wird Feu-er in kal-ter Nacht.
2. Glut in Was-sern ge-sun-ken wird Glanz in spie-geln-der Flut.
3. Ein La-chen in dei-nen Au-gen ver-treibt die blin-de Wut.

Ein Stern vom Him-mel ge-fal-len zieht Spu-ren von Got-tes Macht.
Ein Strahl durch Wol-ken ge-drun-gen wird Quell von neu-em Mut.
Ein Licht, in dir ge-bor-gen, wird Kraft in tie-fer Not.

So wie die Nacht flieht vor dem Mor-gen, so zieht die Angst aus dem Sinn,

so wächst ein Licht in dir ge-bor-gen, die Kraft zum neu-en Be-ginn.

aus: Lied vom Licht

Text & Musik: Gregor Linßen / © 1990 EDITION GL, Neuss

7 Lobe den Herrn, meine Seele

1. Der mei-ne Schuld mir ver-ge-ben hat, der mich von Krank-heit ge-sund ge-macht,
2. Der mich im Lei-den ge-trö-stet hat, der mei-nen Mund wie-der fröh-lich macht,
3. Der mich vom To-de er-ret-tet hat, der mich be-hü-tet bei Tag und Nacht,
4. Der Erd und Him-mel zu-sam-men hält, un-ter sein gött-li-ches Ja-Wort stellt,

den will ich prei-sen mit Psal-men und Wei-sen, von Her-zen für im-mer ihm sin-gen:

Text: Norbert Kissel (nach Psalm 103) / Musik: Norbert Kissel
© 1991 SCM Hänssler, D-71087 Holzgerlingen

8 Du bist heilig

Text und Musik: Per Harling / Übersetzung: Fritz Baltruweit
Rechte für Text und Musik: Ton-Vis-Produktion Per Harling, Uppsala / Rechte für Übersetzung: tvd-Verlag Düsseldorf

9 Gott ist Liebe

Un-se-ren Au - gen ver-bor - gen, doch mit dem Her - zen zu sehn;

un-ser Ver-stand kann nicht fas - sen, was wir im Glau-ben ver-stehn.

Gott lässt sich fin - den, wenn wir su - chen, Gott wird uns hö - ren,

wenn wir ru - fen: Zei-ge uns___ dein An-ge-sicht!

Gott ist Lie - be, Gott ist Geist, den die gan - ze Schö - pfung preist,

Va - ter, Sohn___ und Hei-li-ger Geist, drei Per-so - nen und doch eins.

Text und Melodie: Albert Frey
© 1998 SCM Hänssler, D-71087 Holzgerlingen, für Immanuel Music, Ravensburg

10 Sein wie du

1.–4. Sein wie du, Je - sus, du –

1. hei - lig, im Tief - sten rein, lehr mich, heil mich,
2. schenk mir ein rei - nes Herz, führ mich, be - rühr mich,
3. mach mich zum Ge - ben reich, ruf mich, send mich,
4. stell mich in die - sen Kreis, setz mich zum Se - gen,

lass mich so sein wie du.

5. Sein wie du, Je - sus, du –

lass uns Ge - mein - de sein, trag - gen, die - nen,

lass uns so sein wie du.

Text und Musik: Andreas Hausammann / © 2004 Gerth Medien Musikverlag, Asslar (Germany)

11 Wunderbarer Hirt

1. Du bist ein wun - der - ba - rer Hirt,_____ der mich zu
...Ste - cken und mein Stab,_____ und wan - dre
...Haupt ge - salbt mit Öl,_____ den Be - cher

fri - schem Was - ser führt._____ Du hast so reich ge - deckt des
ich in finst - rem Tal,_____ fürcht' ich kein Un - heil mehr, denn
bis zum Rand ge - füllt._____ An dei - ner Hand wird

Kö - nigs Tisch für mich,_____ für__ mich. 2. Du bist mein...
du bist hier bei mir,_____ bei mir. Ich...
mei - ne See - le still,_____ sie wird still. Ich...

...komm', ich komm' zu dei - nem Tisch. Ich komm',_____ ich komm', und ich

bin ge - wiss: Du bist_____ mein wun - der - ba - rer_____

(fine)

Hirt.

3. Du hast mein...

12 Bliib e treu

© 2004 Melodie: Patrick Rufer, Erlenweg 19, 4500 Solothurn / © 2009 revidierter Text: Patrick Rufer, Mühlackerstrasse 5, 4563 Gerlafingen (Chorsatz: Andreas Hausammann)

13 Halleluja

Hal - le - lu - ja, Er - lös - er und Hei - land,

güe - ti - ge Va - ter und all - mäch - ti - ge Gott, gross und herr - lich, er -

ha - be und hei - lig, hal - le - lu - ja, er isch wun - der - bar!

Ruhm und Ehr ghö-red ü-sem Herr, er isch gnä-dig, vol-ler Barm - her-zig-keit.

Hal - le - lu - ja, hal - le - ju - ja, hal - le - lu - ja, er isch wun-der-bar!

Hallelujah, salvation and glory, honor and power unto the Lord our God.
For the Lord our God is mighty, the Lord our God is omnipotent,
the Lord our God, He is wonderful!

All praises be to the King of Kings for the Lord our God, He is wonderful! (2x)

Hallelujah, hallelujah, hallelujah, He is wonderful! (2x)

aus USA, Verfasser unbekannt
(Schweizerdeutsch: Irene Stäheli-Frehner / Andreas Hausammann)

14 Ich trau auf dich, o Herr

Ich trau auf dich, o Herr. Ich sage:
Gelobet sei der Herr, denn er hat

du bist mein Gott. In deiner Hand steht
wunderbar seine Liebe mir er-

meine Zeit, in deiner Hand steht meine Zeit.
wiesen und Güte mir gezeigt.

Orginaltitel: I Trust In You O Lord / Text, Melodie und Satz: Marion Warrington / dt. Text: Gitta Leuschner
© 1976 SCM Hänssler, D-71087 Holzgerlingen

15 Du bist mein Zufluchtsort

You Are My Hiding Place

Du bist mein Zu-fluchts-ort, ich ber-ge
You are my hi-ding place, you al-ways

mich an dei-ner Hand, denn du schützt mich, Herr, wann
fill my heart with songs of de-li-ver-ance. When-

im-mer mich Angst be-fällt, schau-e ich auf dich! (Du bist mein...)
e-ver I am a-fraid, I will trust in you! (You are my...)

Ja, ich schau auf dich, denn ich sa-ge: „Ich bin
I will trust in you; let the weak say: „I am

stark in der Kraft mei-nes Herrn!" Du bist mein...
strong in the strength of my God." You are my...

Originaltitel: You Are My Hiding Place / Text und Musik: Michael Lender / dt. Text: Gitta Leuscher
© CCCM Music / Universal Music Brentwood Benson Publishing / Druckrechte D, A, CH: Small Stone Media Germany GmbH, Köln

16 Hab Dank

Give Thanks

Hab Dank von Her-zen, Herr, hab Dank, du
Give thanks with a grate-ful heart, give thanks to the

Hei-li-ger, hab Dank, denn du gabst Je-sus, dei-nen
Ho-ly One, give thanks be-cause he's gi-ven Je-sus

1. Sohn. Hab...
   Christ, his Son. Give...
2. Sohn. In...
   Christ, his Son. And...

...ihm spricht der Schwa-che: „Ich bin stark", und der Ar-me: „Ich bin
...now, let the weak say: „I am strong", let the poor say: „I am

reich, denn was er am Kreuz ge-tan ist
rich, be-cause of what the Lord has done for

1. mein." In...
   us". And...
2. ...mein, hab Dank!"
   ...us, give thanks!"

(fine)

Originaltitel: Give Thanks / Text und Musik: Henry Smith / dt. Text: Mirjana Angelina
© 1978 Integrity's Hosanna! Music / D,A,CH adm. by Gerth Medien, Asslar (Germany)

17 Danke (für diesen Festtag heute)

1. Dan-ke für die-sen Fest-tag heu-te, dan-ke für die-sen Le-bens-schritt.

Dan - ke für vie-le lie - be Men-schen, Gott, geh du heut' mit!

2. Danke, wir haben uns gefunden, danke, wir sagen dazu ja.
Danke, vor Gott sind wir verbunden, Gott, bleib du uns nah.

3. Danke, wir werden Wege teilen, danke, wir gehen nicht allein.
Danke, auch Wunden sollen heilen, du wirst bei uns sein.

4. Danke, dass Menschen uns begleiten, danke, für Nähe und Geduld.
Danke, für Trost in schweren Zeiten und vergeb'ne Schuld.

5. Danke, dass wir solch' Glück erfahren, danke, für deine Freundlichkeit.
Danke, du wirst uns treu bewahren jetzt und allezeit.

Dieses Lied bietet eine textliche Variante zum bekannten „Danke für diesen guten Morgen" von
Martin Gotthard Schneider (Reformiertes Gesangbuch 579), die sich sich besonders für Trauungen eignet.
Wenn die 2. Strophe weggelassen wird, passt der Text auch in andere Feiern zu wichtigen Lebensübergängen.

Beide Lieder lassen sich auch gut mit Albert Freys „Danke für alles, was du gibst, Herr" zu einem
farbigen kleinen Medley kombinieren.

Text: unbekannter Verfasser
Originaltext: Danke für diesen guten Morgen
Text und Melodie: Martin Gotthard Schneider
© Gustav Bosse Verlag, Kassel

18 Danke für alles, was du gibst, Herr

Dan-ke _____ für al - les, was du gibst, Herr.

Dan - ke, _____ dass du mich reich be - schenkst.

Dan - ke, _____ dass du uns so sehr liebst, Herr.

Dan - ke, _____ dass du gut von uns denkst.

Du bist ___ die Quel - le ___ des Le - bens, bei dir fin - den wir
Du bist ___ der Grund uns - rer Freu-de, _____ zu dir sin - gen wir:

al - les, _____ was ___ wir brau-chen.
Va - ter _____ Gott, ___ wir dan - ken dir!

Text und Melodie: Albert Frey
© 1997 SCM Hänssler, D-71087 Holzgerlingen, für Immanuel Music, Ravensburg

19 Wer bittet, dem wird gegeben

Vater, ich danke dir

Wer bit-tet, dem wird ge-ge-ben, wer sucht, der wird fin--den,— wer an-klopft, dem wird auf-ge-tan.— Ein Va-ter gibt sei-nen Kin-dern— all das, was sie brau-chen. Wie viel mehr gibst du— uns dei-nen Geist!— Va-ter, ich...

...dan-ke dir, von dei-nen Ga-ben le-ben wir,— und was wir ha-ben,

...prei-se dich, denn du bist im-mer da für mich, lässt dei-ne Kin-der

kommt von dir,— du bist so gut— zu mir!— Va-ter, ich...

nie im Stich,— du bist so gut— zu mir!—

Text und Musik: Albert Frey (Originaltitel: Vater, ich danke dir)
© 1998 FREYKLANG, adm. by Gerth Medien, Asslar (Germany)

„Du kennst mein Herz,
die Sehnsucht in mir.
Als wahrer Gott und Mensch
warst du hier."

20 Wo ich auch stehe

1. Wo ich auch ste - he, du warst schon da.
2. Du kennst mein Herz, die Sehn - sucht in mir.

Wenn ich auch flie - he, du bist mir nah.
Als wah - rer Gott und Mensch warst du hier,

Was ich auch den - ke, du weisst es schon.
in al - lem uns gleich und doch oh - ne Schuld.

Was ich auch füh - le, du wirst ver - stehn!
Du bist barm - her - zig, vol - ler Ge - duld.

1.+2. Und ich...

...dan - ke dir, dass du mich kennst und trotz - dem liebst, und dass

du mich beim Na - men nennst und mir ver - gibst. Und du

rich - test mich wie - der auf,_____ und du

hebst mich zu dir hin - auf,_____ ja, ich

dan - ke dir, dass du mich kennst und trotz - dem liebst.

Text: Albert Frey (nach Psalm 139, 1–2) / Melodie: Albert Frey
© 1994 SCM Hänssler, D-71087 Holzgerlingen, für Immanuel Music, Ravensburg

21 Zeichen deiner Liebe

1. Va-ter, ich will dir dan - ken, dich, den Schöp-fer prei - sen
2. Va-ter, ich will dir dan - ken für den Duft der Er - de,

für die Schön-heit, die mich je - den Tag um - gibt.
Tag und Nacht, Som-mer und Win - ter, Berg und Tal.

Va-ter, du schenkst das Le - ben auf so vie-le Wei - se, und in
Du lässt den Sa - men wach - sen, lässt ihn frucht-bar wer-den, und in

1.+2. all dem er-ken-ne ich Zei-chen dei-ner Lie - be.

Zei-chen dei-ner Lie-be, Zei - chen dei-ner Treu-e zu uns,

Herr, du zeigst uns im-mer wie - der dei-ne Treu-e und Gunst.

Zei-chen dei-ner Lie-be, Zei - chen dei-ner Treu-e zu uns,___

Herr, du gibst uns im-mer wie - der Zei-chen dei-ner Lie-be.___

Text und Melodie: Albert Frey
© 2003 SCM Hänssler, D-71087 Holzgerlingen

22 Dein Wort ist ein Licht auf meinem Weg

Thy Word

Dein Wort ist ein Licht auf mei - nem Weg, wenn ich
Thy word is a lamp un - to my feet and a
Dis Wort isch es Liecht uf mim Wäg, i muess

durch das Dun - kel geh.
light un - to my path.
nöd im Dunk - le goh.

Dein Wort ist ein
Thy Word is a
Dis Wort isch es

Licht auf mei - nem Weg, lässt mich dei - ne Hil - fe sehn.
lamp un - to my feet and a light un - to my path.
Liecht uf mim Wäg, i muess nöd im Dunk - le goh.

1. Ne - bel rings - um - her, ich seh dich nicht mehr,
1. *When I feel a - fraid, think I've lost my way,*
1. Wenn i ängscht - lich bi, min Wäg nüm - me gseh,

kann den Weg nicht mehr se - hen. Doch
still, you're there right be - side me. And
weiss i doch: du bisch bi mir.

dein Wort ist das Licht, das durch den Ne - bel bricht,
no - thing will I fear as long as you are near.
Nüt macht mir Angscht, so - lang du bi mir bisch.

du führst mich an dei - ner Hand.
Please be near me to the end!
Bliib bi mir für im - mer, Herr!

2. Mauern hart und kalt geben keinen Halt, drohend stehen sie vor mir.
Doch dein Wort ist mein Schwert, das aller Härte wehrt.
Du stellst mich auf weiten Raum.

3. Tränen wischst du fort, tröstest durch dein Wort, Kraft zum Leben gibst du mir.
Und wie ein weites Meer ist dein Wort, grosser Herr:
unergründlich tief und reich.

2. I will not forget your love for me, and yet my heart forever ist wondering.
Jesus, be my guide, hold me to your side, and I will love you to the end.

2. I vergesse nie dini Liebi zu mir, und gliich hani mängmol Zwiifel.
Jesus, füehr du mi und heb mi nöch bi dir. Dir vertrau i bis zum End.

Originaltitel: Thy Word / Text und Musik: Amy Grant, Michael W. Smith
© Meadowgreen Music Company / EMI CMG Publishing / Admin. D, A, CH: Small Stone Media Germany GmbH, Köln
© Word Music Inc. / CopyCare LTD: Admin. D, A, CH: CopyCare Deutschland
(Deutsch: unbekannt / Schweizerdeutsch: Monika Egli / Irene Stäheli-Frehner)

23 Selig seid ihr

1. Se - lig seid ihr, wenn ihr ein - fach lebt.
2. Se - lig seid ihr, wenn ihr lie - ben lernt.
4. Se - lig seid ihr, wenn ihr Frie - den macht.
5. Se - lig seid ihr, wenn ihr Wun - den heilt.
8. Se - lig seid ihr, wenn ihr Schuld ver - zeiht,

1. Se - lig seid ihr, wenn ihr La - sten tragt.
2. Se - lig seid ihr, wenn ihr Gü - te wagt.
4. Se - lig seid ihr, wenn ihr Un - recht spürt.
5. Trau - er und Trost mit - ein - an - der teilt.
8. Stü - tze und Halt an - ein - an - der seid.

3. Se - lig seid ihr, wenn ihr Lei - den merkt.
6. Se - lig seid ihr, wenn ihr Krü - ge füllt,
7. Se - lig seid ihr, wenn ihr Fes - seln sprengt,

3. Se - lig seid ihr, wenn ihr ehr - lich bleibt.
6. Hun - ger und Durst für - ein - an - der stillt.
7. arg - los und gut von - ein - an - der denkt.

Text (Strophen 1-4): Friedrich Karl Barth, Peter Horst / Text (Strophen 5-8): unbekannt / Musik: Peter Janssens
aus: Uns allen blüht der Tod, 1979 / alle Rechte im Peter Janssens Musik Verlag, Telgte-Westfalen

24 Anker in der Zeit

C

1. Es gibt be - din - gungs - lo - se Lie - be, die al - les
(2. Es gibt Ver) - söh - nung selbst für Fein - de und ech - ten
(3. Es gibt die) wun - der - ba - re Hei - lung, die letz - te

F°7

trägt und nie__ ver - geht,__ und un - er - schüt - ter - li - che Hoff -
Frie - den nach dem Streit,__ Ver - ge - bung für die schlimm - sten Sün -
Ret - tung in__ der Not,__ und es gibt Trost in Schmerz und Lei -

C

- nung, die je - den Test der Zeit__ be - steht.__ Es gibt ein
- den, ein neu - er An - fang je - der - zeit.__ Es gibt ein
- den, e - wi - ges Le - ben nach__ dem Tod.__ Es gibt Ge -

Em7   F   Am7

Licht, das uns den Weg__ weist, auch wenn wir jetzt nicht al - les sehn.
ew' - ges Reich des Frie - dens, in uns - rer Mit - te lebt es schon:
recht - ig - keit für al - le, für uns - re Treu - e ew' - gen Lohn.

D7   Dm7   C/E

__ Es gibt Ge - wiss - heit uns - res Glau - bens, auch wenn wir
__ ein Stück vom Him - mel hier__ auf Er - den in Je - sus
__ Es gibt ein Hoch - zeits - mahl für im - mer mit Je - sus

man - ches nicht ver - stehn. 2. Es gibt Ver... Er ist das...
Chris - tus, Got - tes Sohn.
Chris - tus, Got - tes Sohn.

...Zen - trum der Ge - schich - te, er ist der An - ker in der Zeit.

Er ist der Ur - sprung al - len Le - bens und un - ser

Ziel in E - wig - keit. Er ist das... ...und un - ser

Ziel in E - wig - keit. 3. Es gibt die...

Text und Melodie: Albert Frey
© 2000 SCM Hänssler, D-71087 Holzgerlingen, für Immanuel Music, Ravensburg

25 Du hast Erbarmen

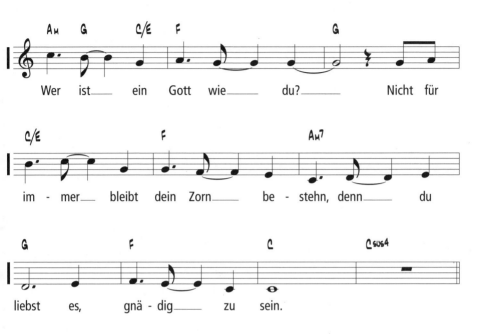

Wer ist ein Gott wie du? Nicht für
im - mer bleibt dein Zorn be - stehn, denn du
liebst es, gnä - dig zu sein.

Text: Albert Frey (nach Micha 7, 18–20) / Melodie: Albert Frey

26 Kraft der Auferstehung

1. Es gibt ei - ne Kraft, die Le - ben schafft,
2. Es fliesst ei - ne Kraft, stark und doch sanft,

nichts auf der Welt hält ihr stand. Sie ü - ber wand
strömt zu uns von Got - tes Thron. Die - se Kraft heisst:

des To - des Macht, als Got - tes Sohn auf - er - stand. 1.+2. Komm, du...
Hei - li - ger Geist, Lie - be vom Va - ter zum Sohn.

...Kraft der Auf - er-steh - ung, hauch uns neu - es Le - ben ein! Gib uns

Glau - be, Lie - be, Hoff - nung, zeig uns: Wir sind nicht al - lein. Je - sus

lebt, ist auf - er - stan - den, und wir le - ben nun mit ihm,

im - mer wird er bei uns sein!

Text und Musik: Albert Frey
© 1997 FREYKLANG, adm. by Gerth Medien, Asslar (Germany)

27 Meine engen Grenzen

1. Mei - ne en - gen Gren - zen, mei - ne kur - ze Sicht
2. Mei - ne gan - ze Ohn-macht, was mich beugt und lähmt,
3. Mein ver - lor - nes Zu - traun, mei - ne Ängst - lich - keit
4. Mei - ne tie - fe Sehn-sucht nach Ge - bor - gen - heit

— brin - ge ich vor dich. Wand - le sie in
— brin - ge ich vor dich. Wand - le sie in
— brin - ge ich vor dich. Wand - le sie in
— brin - ge ich vor dich. Wand - le sie in

Wei - te, Herr, er - bar - me dich.
Stär - ke, Herr, er - bar - me dich.
Wär - me, Herr, er - bar - me dich.
Hei - mat, Herr, er - bar - me dich.

Text: Eugen Eckert / Melodie: Winfried Heurich / Satz: Jürgen Kandziora
© Lahn-Verlag GmbH, Kevelaer, www.lahn-verlag.de

28 Gott spannt leise feine Fäden

Gott spannt lei - se fei - ne Fä - den, die du leicht er - grei - fen
kannst. Gott spannt lei - se fei - ne Fä - den, die du leicht er - grei - fen
kannst.

(etwas langsamer...)

1. Sieh doch ei - nen An - fang, wo du wirk - lich hel - fen
2. Sieh doch ei - nen An - fang, wo es zu ver - trau - en
3. Sieh doch ei - nen An - fang, wo du zu tei - len ver -
4. Sieh doch ei - nen An - fang, wo du nicht mehr wei - ter

kannst und durch dei - ne Hil - fe dir den Weg zum an - dern bahnst.
gilt, auch wenn die Er - fah - rung dir das Ge - gen - teil be - fiehlt.
magst und trotz dei - ner Äng - ste von dir zu_ ge - ben wagst.
weisst und du dei - ne Sehn - sucht hin - aus in die Stil - le schreist.

(etwas schneller
zurück zum Refrain...)

Sieh doch ei - nen An - fang und fang_ zu hel - fen an.
Sieh doch ei - nen An - fang und fang zu ver - trau - en an.
Mach doch ei - nen An - fang und fang_ zu tei - len an.
Sieh doch ei - nen An - fang und fang_ zu be - ten an.

Melodie: Clemens Bittlinger / Text: Clemens Bittlinger
© ABAKUS Musik Barbara Fietz, D-35753 Greifenstein

29 Gib deinen Frieden

1. Da - ruj nam mir,____ da - ruj nam mir,____ u na - šem
2. *Gib dei - nen Frie - den, gib dei - nen Frie - den un - sern*
3. Give us your peace,___ give us your peace,___ in our
4. *Po - se ta paix,___ po - se ta paix___ dans nos*
5. *Do - na la pa - ce, do - na la pa - ce, ai nos - tri*
6. *Gi oss din fred, Gud, gi oss din fred, Gud, i vå - re*
7. Do - na la paz,____ do - na la paz____ a nos-
8. *Gib üs din Fri - de, gib üs din Fri - de i ü - si*

sr - cu, I - su - se.___ Da - ruj nam... ...se.___ O-sta - ni tu, Gos-po - di-
Her - zen, gu-ter Gott.___ Gib dei-nen... ...Gott.___ Blei - be hier, un - ter
hearts, oh___ Lord.___ Give us your... ...Lord.___ Stay___ here, close___ to
coeurs, ô Sei-gneur. Po - se ta... ...gneur. Res - te là par - mi
cuo - ri, o Sig - no - re. Do - na la... ...no - re. Re - sta qui in - sie - me a
hjer - ter, Her - re Gud.___ Gi oss din... ...Gud.___ Bli hos oss i sam-fun-net
o - tros, o Señ - or.___ Do - na la... ...or.___ Que - da a-qui jun-to a nos-
Här - ze, gue-te Gott.___ Gib üs din... ...Gott.___ Bliib du do un - der

ne,___ O-sta-ni tu, Gos-po - di - ne,___ i tvoj mir___ u na - ma.
uns,___ blei - be hier, un - ter uns,___ und der Frie-de___ ist mit uns.
us,___ stay___ here, close___ to us,___ and your peace___shall___ reign.
nous, res - te là par - mi nous,___ et ta paix___ règ-ne-ra.
noi,___ re - sta qui in-sie-me a noi,___ e la pa-ce___ re-gne-ra.
vårt,___ bli hos oss i sam-fun-net vårt,___ og din fred___ får o - ver-hånd.
o - tros, que-da a - qui jun-to a nos-o - tros, y la paz___ rei - na - rá.
üs,___ bliib du do un - der üs,___ und din Fri-de___ isch mit üs.

aus Kroatien
(1. Kroatisch - 2. Deutsch - 3. Englisch - 4. Französisch - 5. Italienisch - 6. Norwegisch - 7. Spanisch - 8. Schweizerdeutsch)

30 Gott, du bist die Hoffnung

Und eine neuer Morgen

1. Gott, du bist die Hoff - nung, wo Le - ben ver - dorrt,
2. Gott, du bist die Gü - te, wo Lie - be zer - bricht,
3. Gott, du bist die Freu - de, wo La - chen er - stickt,

___ auf stei - ni - gem Grund wach - se in mir, sei
___ in kal - ter Zeit at - me in mir, sei
___ in dunk - ler Welt le - be in mir, sei

kei - men - der Sa - me, sei sich - er - er - Ort,_____ treib
zün - den - der Fun - ke, sei wärm - en - des Licht,_____ sei
fro - her Ge - dan - ke, sei tröst - en - der Blick,_____ sei

Knos - pen und blü - he in mir._____
Flam - me und bren - ne in mir._____
Stim - me und sin - ge in mir._____

1.-3. Und ein neu-er Mor - gen   bricht auf die-ser Er - de

an, in ei-nem neu-en Tag   1. blü he in mir._____
                            2. bren-ne in mir._____
                            3. sing-e in mir._____

Hal-te mich ge-bor - gen,   fest in dei-ner star - ken   Hand, und

seg - ne mich,   seg - ne mich und dei - ne   Er - de.

aus: Lied vom Licht (Originaltitel: Und ein neuer Morgen)
Text & Musik: Gregor Linßen / © 1989 EDITION GL, Neuss

31 Nimm diese Hände

1. Nimm die - se Hän - de, ich ge - be sie dir.
2. Nimm die - se Au - gen, um Men - schen zu sehn,
3. Nimm die - se Lip - pen und mach sie be - reit.
4. Nimm die - ses Le - ben und mach du was draus.

Füll sie mit Se - gen.____ Wer braucht dich, Herr?
wenn sie durch Schmer - zen____ und Äng - ste gehn.
Leh - re sie schwei - gen,____ re - den zur Zeit.
Dan - ke, dass du's nicht ver - ach - test als Haus.

Nimm sie, zu die - nen, zu lin - dern die Not.____
Du, Herr, al - lei - ne ver - stehst ih - re Not.____
Le - ben - de Wor - te, die bre - chen den Tod.____
Zieh du drin ein, Herr, und woh - ne in mir.____

Lass je - mand spü - ren: Jetzt seg - net mich Gott.
Lass sie es spü - ren: Jetzt sieht mich Gott.
Lass je - mand spü - ren: Jetzt re - det Gott.
Lass es mich spü - ren: Du selbst wohnst jetzt hier.

Text und Musik: Hermann Rohde, Crescendo

32 Am Abend der Welt

(Vor- und Zwischenspiel:)

Wiederholung   Strophen

1. Selbst in der...
2. Selbst im...

...tief - sten al - ler Kri - sen bist du, Gott, uns Men - schen
...Tod schenkst du uns Le - ben, schenkst uns Hoff - nung, sprengst die

nah. Selbst am En - de uns - rer Ta - ge scheint dein Licht uns hell und
Zeit. Drum kannst du uns auf-stehn hel - fen aus den Kri - sen uns - rer

klar. Selbst am En - de uns - rer Ta - ge scheint dein Licht uns hell und klar.
Zeit. Drum kannst du uns auf-stehn hel - fen aus den Kri - sen uns - rer Zeit.

Text: Clemens Bittlinger
Melodie: David Plüss © creation music david music switzerland, Zofingen

33 Klage

1. Wenn un - ter mei - nen Trä - nen das
2. Wenn mir die vie - len Fra - gen den
3. Wenn nun nach so viel Ar - beit mir

Den - ken mir zer - fliesst   und wie ein schrei - end
Kopf to - tal ver - drehn   und al - le an - dern
schwin - det al - le Kraft   und nicht ein - mal die

Gäh - nen   ein Loch sich nicht mehr schliesst,
sa - gen,   dass sie mich nicht ver - stehn,
Frei - zeit   mir neu - en Mut ver - schafft,

dann trägt mich mei - ne Trau - er vor
zieht mich ein fe - ster Wil - le hi -
dann weist mir mei - ne Sehn - sucht bei

dei - ne Kla - ge - mau - er, lässt mich in die - sen
nein in dei - ne Stil - le, lässt dich trotz mei - ner
dir noch ei - ne Zu - flucht, lässt mich die Müh und

Ta - gen vor dir, Gott, kla - gen, kla - gen.
Fra - gen ein Wort, die Ant - wort, wa - gen.
Pla - gen mit dei - ner Hil - fe tra - gen.

Text: Clemens Bittlinger / Melodie: Hans Leo Hassler
Bearbeitung: David Plüss © creation music david music switzerland, Zofingen

34 Regenbogen

Gott sieht uns - re Trä - nen, Gott fühlt uns - ern Schmerz,

Gott kennt un - ser Seh - nen, weiss um uns - er Herz.

Er kann uns__ ver - ste - hen, wenn kei - ner uns ver - steht,

Trost und Lie - be ge - ben, wenn uns die Hoff - nung fehlt.

Re - gen fällt__ und fällt,__ durch - dringt die gan - ze Welt.

Seht, der Him - mel weint, im Leid mit uns— ver - eint.—

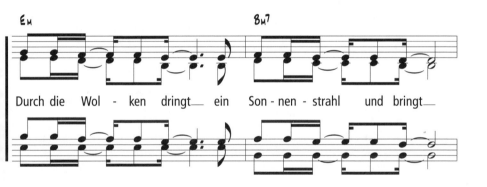

Durch die Wol - ken dringt— ein Son - nen - strahl und bringt—

Hoff - nung, die— das Licht— in Re - gen - bo - gen - far - ben bricht.

Text und Musik: Albert Frey
© 1998 FREYKLANG, adm. by Gerth Medien, Asslar (Germany)

35 Ich bin bei dir

1. Ich bin bei dir, wenn die Sor-ge dich nie-der-drückt,
2. Hab kei-ne Angst, wenn du nachts nicht mehr schla-fen kannst,
3. O welch ein Tag, wenn dein Le-ben sein Ziel er-reicht,

wenn dein Le-ben dir sinn-los scheint, dann bin ich da.
wenn du grü-belst, was mor-gen wird, du hast doch mich.
wenn wir uns ge-gen-ü-ber-stehn, und du bist hier.

Ich bin bei dir, auch wenn du es nicht glau-ben kannst,
Hab kei-ne Angst, auch wenn and-re nicht zu dir stehn,
O welch ein Tag, wenn die Trau-er der Freu-de weicht,

auch wenn du es nicht füh-len kannst, ich bin dir
wenn du meinst, dass du wert-los bist, ich lie-be
und dann war, was ver-wir-rend schien, der Weg zu

nah.
dich.
mir.

1.+2. Und ich hab al-les in der Hand, kenn dein

3. Dann wirst du stau-nend mit mir sehn: Al-les,

Le - ben sehr ge - nau, ich weiss um al - les, was du brauchst Tag für
En - de und Be - ginn, mir war nicht ei - ner dei - ner Ta - ge un - be -

Tag. Hab kei - ne Angst, ich lie - be dich, du kannst mei - nem Wort ver -
kannt. Und du wirst glau - ben und ver - stehn: Al - les hat - te sei - nen

traun, und du wirst sehn, wie ich dich füh - re Schritt für Schritt.
Sinn, und du wirst sehn: Ich hat - te al - les in der Hand.

Text und Musik: Dan Burgess / dt. Text: Birgit Dörnen

36 Unser Vater

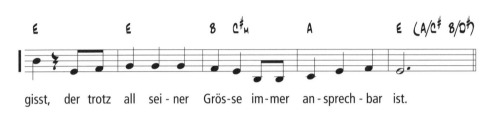

1. Bist zu uns wie ein Va-ter, der sein Kind nie ver-gisst, der trotz all sei-ner Grös-se im-mer an-sprech-bar ist.

2. Deine Herrschaft soll kommen, das, was du willst, geschehn.
   Auf der Erde, im Himmel sollen alle es sehn.

3. Gib uns das, was wir brauchen, gib uns heut unser Brot.
   Und vergib uns den Aufstand gegen dich und dein Gebot.

4. Lehre uns zu vergeben, so wie du uns vergibst.
   Lass uns treu zu dir stehen, so wie du immer liebst.

5. Nimm Gedanken des Zweifels und der Anfechtung fort.
   Mach uns frei von dem Bösen durch dein mächtiges Wort.

6. Deine Macht hat kein Ende, wir vertrauen darauf.
   Bist ein herrlicher Herrscher, und dein Reich hört nie auf.

37 Du

1. Ich ha - be dich ge - schaf - fen als mein E - ben -
2. Ich ha - be dich be - ru - fen in mein Kö - nig -

bild, ich ha - be dich er - wählt als mein Ei - gen -
reich, ich ha - be dich be - freit von des To - des

tum, und al - les, was ich tat, war gut.
Macht, und al - les, was ich tat, war gut.

1.+2. Du bist mein ge - lieb - ter Sohn, du mei - ne ge -

lieb - te Toch - ter. Ich ha - be Freu - de an dir,

Freu - de an dir.

Text und Musik: Albert Frey
© 1998 FREYKLANG, adm. by Gerth Medien, Asslar (Germany)

38 Es Gschänk vom Himmel

1. Du_____ bisch es Gschänk vom Him - mel,
2. S'Lä - be isch es Gschänk vom Him - mel,
3. Lie - bi isch es Gschänk vom Him - mel,

und mir_____ näh - med's aa. Mit al - lem, wo du bisch mit
wer weiss, wo - hi s'wird gah? I al - lem, was es bringt, i
d'Tau - fi_____ büü - tet's aa. Mit al - lem, wo du bisch, mit
(d'Säg - nig)_____

al - lem, wo du gisch, mir sä - ged ja, mir sä - ged_____ ja.
al - lem, was es gitt, mir nä - med's aa, mir nä - med's_____ aa.
al - lem, wo du gisch, au Gott seit ja, au Gott seit_____ ja.

(Akkorde in Klammern: Capo im 1. Bund)

Text und Musik © Andrew Bond
GrossenGadenVerlag, Wädenswil, aus "Himmelwiit"

39 Seht das Kind

1. Seht das Kind dort in dem Stal - le,
2. Kei - ner kann dies Wun - der fas - sen,
3. Dort im al - ler - tief - sten Dun - kel

hört der En - gel Chor. Öff - net die - sem
kei - ner kann's ver - stehn. Was Gott längst ver -
strahlt ein hel - les Licht, und wer glaubt, er -

Glanz die Au - gen, öff - net eu - er Ohr.
heis - sen hat - te, ist zur Nacht ge - schehn.
kennt mit Freu - de Got - tes An - ge - sicht.

Öff - net die - sem Glanz die Au - gen,
was Gott längst__ ver - heis - sen hat - te,
Und wer glaubt,__ er - kennt mit Freu - de,

öff - net eu - er Ohr._____
ist zur Nacht ge - schehn._____
Got - tes An - ge - sicht._____

4. In der Niedrigkeit des Stalles kommt uns Gott so nah,
   und wir singen ihm zur Ehre laut: Halleluja!

5. Ehre sei Gott in der Höhe, ihm gebührt der Ruhm.
   Er macht uns durch Jesus Christus sich zum Eigentum.

Text © Johannes Jourdan
Musik © Irene Stäheli-Frehner

40 Durch das Dunkel

1. Durch das Dun-kel hin-durch scheint der Him-mel hell. Durch das
2. Durch das Dun-kel hin-durch dringt ein neu-es Wort. Durch das
3. Durch das Dun-kel hin-durch führt ein neu-er Weg. Durch das

Dun-kel hin-durch scheint der Him-mel hell. So
Dun-kel hin-durch dringt ein neu-es Wort. Das
Dun-kel hin-durch führt ein neu-er Weg. Der

hell soll auch die Er-de sein, steht auf, steht auf, steht auf! So
Wort wird uns zur Zu-ver-sicht, steht auf, steht auf, steht auf! Das
Weg wird uns-re Zu-kunft sein, steht auf, steht auf, steht auf! Der

hell soll auch die Er-de sein,— steht auf!
Wort wird uns zur Zu-ver-sicht,— steht auf!
Weg wird uns-re Zu-kunft sein,— steht auf!

4. Durch das Dunkel hindurch stärkt ein Bissen Brot ...
   Das Brot soll unser Zeichen sein, steht auf ...

5. Durch das Dunkel hindurch schliessen wir den Bund ...
   den Bund, der uns mit Gott vereint, steht auf ...

Text: Hans-Jürgen Netz / Musik: Christoph Lehmann
aus: Das Schweigen bricht, 1987 / alle Rechte im tvd-Verlag Düsseldorf

41 In einer fernen Zeit

1. In ei - ner fer - nen Zeit gehst du nach Gol - ga - tha, er -
(2. Du) weisst, was Lei - den ist, du weisst, was Schmer - zen sind, der
3. Ver - las - sen ganz und gar von Men - schen und von Gott, bringst
(4. Stirbst) draus - sen vor dem Tor, stirbst mit - ten in der Welt. Im
5. Er - ste - he neu in mir. Er - ste - he je - den Tag. Er -

zur nächsten Strophe... zum „Amen"...

dul - dest Ein - sam - keit, sagst selbst zum Ster - ben ja.   2. Du...
du__ mein Bru - der bist, ein Mensch und Got - tes   Kind.   A -
du__ dein Le - ben dar und stirbst den Kreu - zes - tod.   4. Stirbst...
Lei - den lebst du vor, was wirk - lich trägt und   hält.
hal - te mich bei dir, was im - mer kom - men   mag.

- men, a - men, a - - - - men.   A -

- men, a - men, a - - - - men.

Text: Otmar Schulz 2010 © Verlag Singende Gemeinde Wuppertal
Musik: Andreas Brunion © beim Autor

42 Atem Gottes

Heil'-ger Geist, komm, wir-ke un-ter uns_____ mit

Frei-heit und mit Macht,_____ mit Lie-be und mit Kraft._____ A-tem...

...Got - tes,_____ A-tem Got - tes,_____ A-tem

Got - tes,_____ wir-ke un-ter uns._____

Text und Melodie: Albert Frey
© 1997 SCM Hänssler, D-71087 Holzgerlingen, für Immanuel Music, Ravensburg

„Gott ist mit uns
am Abend und am Morgen
und ganz gewiss an jedem neuen Tag."

43 Von guten Mächten

1. Von gu - ten Mäch - ten treu und still um - ge - ben, ___ be - hü - tet und ge - trö - stet wun - der - bar. ___ So will ich die - se Ta - ge mit euch le - ben ___ und mit euch ge - hen in ein neu - es Jahr. ___ 1.-6. Von...

...gu - ten Mäch - ten wun - der - bar ge - bor - gen er - war - ten wir ge - trost, was kom - men mag. ___ Gott ist mit uns am A - bend und am Mor - gen ___ und ganz ge - wiss an je - dem neu - en Tag. ___

2. Noch will das Alte unsre Herzen quälen,
noch drückt uns böser Tage schwere Last.
Ach Herr, gib unsren aufgeschreckten Seelen das Heil,
für das du uns bereitet hast. Von ...

3. Und reichst du uns den schweren Kelch, den bittren,
des Leids gefüllt bis an den höchsten Rand,
so nehmen wir ihn dankbar, ohne Zittern,
aus deiner guten und geliebten Hand. Von ...

4. Doch willst du uns noch einmal Freude schenken
an dieser Welt und ihrer Sonne Glanz,
dann wolln wir des Vergangenen gedenken,
und dann gehört dir unser Leben ganz. Von ...

5. Lass warm und still die Kerzen heute flammen,
die du in unsre Dunkelheit gebracht.
Führ, wenn es sein kann, wieder uns zusammen.
Wir wissen es: Dein Licht scheint in der Nacht. Von ...

6. Wenn sich die Stille nun tief um uns breitet,
so lass uns hören jenen vollen Klang
der Welt, die unsichtbar sich um uns weitet,
all deiner Kinder hohen Lobgesang. Von ...

Text: Dietrich Bonhoeffer, Widerstand und Ergebung © 1998, Gütersloher Verlagshaus, Gütersloh, in der Verlagsgruppe Random House GmbH
Melodie: Siegfried Fietz © ABAKUS Musik Barbara Fietz, D-35753 Greifenstein

44 Du bist der Herr, der mein Haupt erhebt

wenn ich mir nicht si - cher bin, führt mich dei - ne Hand.

Wind des Herrn,—— weh in mei - nem Le - ben,

Geist des Herrn,—— fach das Feu - er an.——

Wind des Herrn,—— du hast mir Kraft ge-ge - ben,

Geist des Herrn,—— sei mein Rü - cken-wind!——

Text und Musik: © Martin Pepper, mc-peppersongs

45 Von allen Seiten umgibst du mich

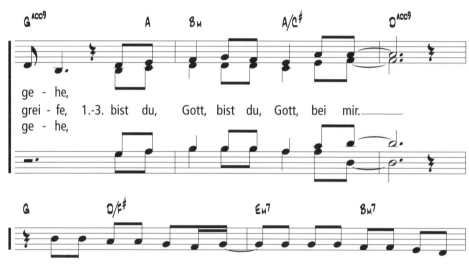

1. Ob ich sit - ze o - der ste - he, ob ich lie - ge o - der
2. Dass ich wach-se, blü-he, rei - fe, dass ich ler-ne und be-
3. Wo ich sit - ze o - der ste - he, wo ich lie - ge o - der

ge - he,
grei - fe, 1.-3. bist du, Gott, bist du, Gott, bei mir.
ge - he,

Ob ich schla - fe o - der wa - che, ob ich wei - ne o - der
Dass ich fin - de, wenn ich su - che, dass ich seg - ne, nicht ver -
Dass ich dein bin, nicht ver - der - be, ob ich le - be o - der

la - che,
flu - che, 1.-3. bleibst du, Gott, bleibst du, Gott, bei mir. Von...
ster - be,

Text: Eugen Eckert / Melodie: Torsten Hampel
© Strube Verlag, München

46 Der Herr segne dich

Frie - - - de be - glei - te dich.

1. Ob du...
2. Ob die...

...aus - gehst o - der heim - kehrst, ob du wach bist o - der schläfst,
...Men-schen, die du liebst,_____ dies er - wi - dern o - der nicht,__

__ sei ge - seg - net und__ ge-stärkt__ durch sei - nen Geist!__
__ sei ein Se - gen durch die Gna - de dei - nes Herrn!

__ Ob du in das Tal hi - nab - gehst o - der
__ Ob die Träu - me, die du träum - test, noch ver -

Ber - ge vor — dir stehn,— mö-gest du den näch - sten Schritt
heis-sungs-voll — be-stehn— o - der längst schon nicht mehr für

(zurück zum Chorus)

———— in sei - nem Se - gen gehn! Der Herr...
— dich wie ein Traum aus - sehn. Der Herr...

(zum Schluss nach dem letzten Chorus:)

Frie - de mit dir!— Frie - de mit dir!—

Frie - - de mit dir!— Frie - de mit dir!—

Text und Musik: © Martin Pepper, mc-peppersongs
Chorsatz: Kai Wächter

„Gott bewahre deine Schritte!
Niemals gehst du ganz allein."

47 Das wünsch ich dir

1. Raum zum Träu-men, ei-nen Traum für mor-gen
2. Luft zum At-men und den Duft des Früh-lings,
3. Grund zum Dan-ken, ei-nen Freund fürs Le-ben,

und den Mut, ihn heu-te schon zu le - - ben;
die Ge-duld, den Win-ter zu er-tra - gen;
ei-ne Ar-beit, täg-lich Brot zu es - - sen;

Raum für Trä - nen, echt-en Trost im Lei - den
Platz im Her - zen, ei-nen Kreis von Men - schen
Zeit zu schwei-gen und auf Gott zu hö - ren,

und den Mut, dem an-dern zu ver-ge - - ben, das...
und den Mut, auch Wi-der-spruch zu wa - - gen, das...
ei-nen Ort, den All-tag zu ver-ges - - sen, das...

...wünsch ich dir, — das wünsch ich dir von Her - zen. Gott be -
wah - re dei - ne Schrit - te! Nie-mals gehst du ganz al - lein. — Das
wünsch ich dir, — das wünsch ich dir von Her - zen. Gott be -
glei - te dei - ne Rei - se! Er wird im-mer — bei — dir sein.

2. ...im - mer bei dir sein.   Das wünsch ich dir...   (zurück zum 𝄋)

Text und Musik: Martin Buchholz
© 1998 Felsenfest Musikverlag, Wesel

48 Sei behütet Tag und Nacht

1. Sei be- hü - tet Tag und Nacht.__ Wo du
 -flü - gelt durch die Welt — du hast
 -glei - tet, wo du magst,__ Gott bleibt

liegst und wo du stehst, hal - te Got - tes En - gel
Zeit, vor dir liegt Raum. Un - ter Got - tes gros - sem
nah, wo du auch bist, sorgt sich, dass du nie ver -

Wacht, dass du nicht ver - lo - ren gehst, hal - te
Zelt wird jetzt wahr dein Rei - se - traum, un - ter
zagst und dein Weg ge - seg - net ist, sorgt sich,

Gottes Engel Wacht, dass du nicht verloren gehst.

Lyrics under the staves:

Got - tes En - gel Wacht,— dass du nicht ver -
Got - tes gros - sem Zelt— wird jetzt wahr dein
dass du nie ver - zagst— und dein Weg ge -

lo - ren— gehst.— 2. Geh be -
Rei - se - traum.— 3. Sei be -
seg - net— ist. A - - men.

1.+ 2.   **3.**

Text: Eugen Eckert / Melodie: Horst Christill / © Strube Verlag, München
Satz (Auszug): Armin Sprenger (vollständiger Satz: Rise Up 1, Chorheft 2010, SKGB)

Kurzkommentare zu den Liedern
verfasst von Mitgliedern der Spurgruppe Repertoire

1 Gott sei Dank
Wie oft haben wir diese drei Worte schon ausgesprochen. Der Liederschreiber Albert Frey nimmt sie, um uns auf den Gottesdienst einzustimmen. Ein fröhliches Willkommenslied, das jeden abholt, wo er gerade steht. Dabei soll der groovige Song den Gottesdienst als Fest einläuten. Selbst Gott soll darin unser Diener sein, wie es im Refrain immer wieder heisst. Der erste Teil funktioniert bestens mit einem Vorsänger und der antwortenden Gemeinde. In den Chorus stimmen alle ein – vielleicht sogar mehrstimmig, wobei der Schluss wieder einstimmig zusammenkommt und etwas von der Einheit spüren lässt, die wir als feiernde Gemeinde zusammen erleben. Thomas Schramm, Weinfelden/St. Gallen

2 Stille lass mich finden
In die Stille spricht Gott durch Lieder, Texte und Klänge hindurch. Dieses Lied ist ein persönliches Gebet. Es führt mich auf besondere Weise in die Ruhe und hilft mir, mich vor Gott zu sammeln und auf seine Stimme zu hören. Die Melodie ist lieblich und getragen. Schön auch, wenn man beim Singen versucht, mit der Dynamik zu spielen und vielleicht auch nur zu summen. Jonathan Schaffner, St. Gallen/Gossau

3 Wenn meine Seele endlich stille wird
Das Lied stärkt mit stimmigen Bildern und einer flüssigen Melodie das Vertrauen, sich ganz Gott hinzugeben und in seine Gegenwart hineinzuwachsen. Für die Stille, von der das Lied spricht, hat es eigentlich zu viele Worte und leitet doch an, an den Ort zu kommen, wo unsere Sehnsucht nach Ruhe und Stille ist. Das Lied eignet sich gut als Anfang von Meditation, Exerzitien und als Anfangs-, Lesungs- oder Predigtlied in Gottesdiensten. Christoph Semmler, St. Gallen

4 Herr, ich komme zu dir
Gott lädt mich ein, ihm zu begegnen, und stellt dafür keine Bedingungen. Er kennt mich und nimmt mich an mit all meinen Schwächen. Bei ihm kann ich durchatmen und neue, göttliche Kraft tanken. Die Melodie im 6/8-Takt schwingt sich durch das ganze Lied auf zum höchsten Ton im Satz „Du bewirkst dein Lob in mir". Oliver Wendel, Weinfelden

5 Da berühren sich Himmel und Erde
Ein gut singbares, einfaches Lied für die Gemeinde aus dem Rise-up-Liederbuch. Es regt an, die gewohnten Wege, Festgefahrenes zu überdenken. Passend nach der Predigt, nach den Fürbitten, bei Konfirmationen und Trauungen. Andreas Korsch, Berneck-Au-Heerbrugg

Kurzkommentare zu den Liedern
verfasst von Mitgliedern der Spurgruppe Repertoire

6 Ein Funke aus Stein geschlagen (Ein Licht in dir geborgen)

Dieses Lied spendet Hoffnung und Zuversicht. Dies drückt für mich vor allem der Refrain aus mit dem Bild der Nacht, die vor der aufgehenden Sonne „flieht". Genauso rennt die Angst in mir davon, wenn ich die Kraft von Gott spüre. Ein gutes Gefühl, ein Neuanfang!

Andreas Korsch, Goldach/Berneck-Au-Heerbrugg

7 Lobe den Herrn, meine Seele

Norbert Kissel vertont hier die berühmten, berührenden Worte aus Psalm 103 und ergänzt sie in den Strophen – in einer leicht abgerückten Tonart – um einige konkrete Gründe zur Dankbarkeit: Vergebung, Gesundung, Trost, Rettung, das Ja des Allmächtigen. Die Melodie im Chorus funktioniert als einfacher Kanon, der das Lob unserer Seelen in einem tänzerischen, befreiten 6/8-Takt fasst und sofort mitgesungen werden kann. Ein Lied, das darüber staunt, was Gott im Hier und Jetzt für uns tut, und darum liturgisch in den Lobpreis-Teil des Gottesdienstes passt.

Andreas Hausammann, St. Gallen

8 Du bist heilig

Ein belebendes, frohes Gemeindelied, mit einfacher Melodie. Der Text ist angelehnt an Psalm 99. Ich setze dieses Lied gerne beim Abendmahl, als Lob und Dank, und auch bei Pfingstgottesdiensten ein. Es hat für mich einen mitreissenden Charakter und ist bei Jung und Alt beliebt.

Judith Keller, Goldach/Kesswil

9 Gott ist Liebe

Dieses Lied spricht ein „Geheimnis" aber auch ein Problem unseres Glaubens an: Wir können Gott nicht beweisen, aber erleben. Ein fröhliches Lied für den Anfang eines Gottesdienstes, voller Zuversicht und Herausforderung, sich auf diesen Gott einzulassen. Mir gefällt das Zusammenspiel von Rhythmus, Melodie und Text.

Gisela Bertoldo, St. Gallen

10 Sein wie du

Dieses Lied entstand als Auftragsarbeit vom Verlag Gerth Medien, der vor ein paar Jahren zu dem bekannten Buch „Leben mit Vision" / „The Purpose-Driven Life" von Rick Warren eine CD mit begleitenden Liedern herausgab. In einem Kapitel spricht das Buch von Jesus als Vorbild für unsere Entwicklung als Menschen und Christen. „Sein wie du" versucht, gefasst in eine sehr einfache, kurze Melodie, zuerst die wichtigsten Eigenschaften dieses Vorbilds zu nennen, um dann den Horizont zu öffnen für eine Vision von Gemeinde, die sich als Ganzes von Christus inspirieren und beauftragen lässt.

Andreas Hausammann, St. Gallen

Kurzkommentare zu den Liedern
verfasst von Mitgliedern der Spurgruppe Repertoire

11 Wunderbarer Hirt
Lothar Kosse überträgt Psalm 23 in ein zeitgemässes Anbetungslied. Die Melodie ist für mich einladend und tröstend. Beim Singen soll auf ein eher langsames Tempo geachtet werden (langsames alla breve). Sehr schön finde ich die zum Text passende Harmonisierung. Vor allem im 2. Vers bei „fürcht ich kein Unheil mehr": a-moll und gleich danach die Auflösung in D-Dur und die darauffolgende Verdichtung zu „denn du bist hier bei mir, bei mir", was die Nähe und Geborgenheit in Gott verdeutlicht. Aufpassen: Beim Auftakt zu Beginn jeweils gut vorauszählen und rechtzeitig Luft holen!   Jonathan Schaffner, St. Gallen/Gossau

12 Bliib e treu
Gnade – Gott wendet sich mir liebevoll und ohne jede Vorbedingung zu. Also kann ich so zu ihm kommen, wie ich bin. Dazu kommt noch wie das Tüpfelchen auf dem i: Er mag mir alles gönnen, was ich habe und kann. Gibt es sonst noch jemanden, von dem ich das sagen könnte? Für mich ist dieses Lied ein persönliches Bekenntnis. Seine einfache, kurze Melodie klingt im Ohr nach, und der schweizerdeutsche Text trifft direkt ins Herz. Liturgisch haben wir dieses Lied der Verkündigung zugeordnet.   Marianne Frey-Leuenberger, Grabs

13 Halleluja
In verschiedensten Formen und Arrangements taucht dieser Lobgesang immer wieder in Gottesdiensten und Konzerten auf – er stammt aus den USA, kann aber keinem Komponisten zugeordnet werden und gilt darum als eine Art moderner „Traditional". Wir bieten hier eine Schweizerdeutsche Version an, deren Text für uns zugänglicher ist als das Englische Original. Die Melodie bildet einen farbigen Kanon, der auf einem reichhaltigen harmonischen Gerüst ein vielstimmiges, wortgewaltiges Lob erklingen lässt: Als Erlöser, Heiland und Vater wird Gott besungen, als gütig, liebevoll, herrlich und erhaben, und die dritte Zeile fasst alles zusammen in einem dreimaligen „Halleluja", das sich über die anderen Stimmen erhebt.   Andreas Hausammann, St. Gallen

14 Ich trau auf dich, o Herr
Das Singen von Psalmen ist es eine gute reformierte Tradition. Dieses Lied verarbeitet Psalm 31, oder wenigstens ein paar zentrale Verse daraus. Psalm 31,15–16 lautet in der Zürcher Bibel: „Ich aber vertraue auf dich, Herr, ich spreche: Du bist mein Gott. In deiner Hand steht mein Geschick." Das ist der Wendepunkt. Der Psalmist fleht Gott um Zuflucht. Er wird verfolgt, er ist schwach und hat Angst. „Im Kummer schwindet dahin mein Leben, meine Jahre vergehen mit Seufzen.Vergessen bin ich, wie ein Toter aus dem Sinn, bin geworden wie ein zerbrochenes Gefäss." Manche in unseren Gemeinden fühlen sich so, wenn sie krank sind, trauern oder jemanden über ihre Kräfte pflegen. Den Psalm könnte man im Wechsel lesen lassen (RG 116) und danach dieses Lied singen. Mit Vers 22 „Gepriesen sei der Herr, denn wunderbar hat er mir seine Gnade erwiesen" mündet der Psalm in ein grosses Lob. Das ist eine typische Bewegung vieler Psalmen. Dieses Lied – ob einstimmig

Kurzkommentare zu den Liedern
verfasst von Mitgliedern der Spurgruppe Repertoire

oder mehrstimmig gesungen – eignet sich nach dem Eingangsgebet oder Eingangspsalm, als persönliches Danklied und „öffnet" für die Schriftlesung.   Catherine McMillan, Brunnadern

15 Du bist mein Zufluchtsort
Dieses innige Lied spricht das Grundbedürfnis nach Geborgenheit an. In Krankheit und Not, bei Druck am Arbeitsplatz, finanzieller Unsicherheit und in Beziehungskrisen brauchen wir einen Zufluchtsort. Das Bild im Prophetenbuch Nahum 1,7 wird hier mit weiteren vertrauensweckenden Bildern aus den Psalmen ergänzt. Wir können uns in Gottes Hand bergen und auf Gottes Schutz zählen. Es ist ein Trost, dass Gottes Kraft gerade in unserer Schwachheit spürbar wird (2 Kor 12,9). Wo sonst darf man seine Schwächen zeigen? Der Kanon ist einfach, aber traumhaft schön. Im zweistimmigen Singen spürt die Bedrängte, dass sie nicht allein ist, der Angegriffene, dass er in einer Glaubensgemeinschaft Rückhalt findet. Deshalb ist das Lied auch ein Bekenntnis, das gut nach einer Schriftlesung oder Predigt zum Thema „Angst und Vertrauen" passt. Ich würde empfehlen, den Kanon wie vorgesehen in Halben anzuleiten/zu dirigieren, nicht in Vierteln. Das vermittelt Ruhe und Sicherheit, vor allem beim Einsetzen der zweiten Stimme „bist" auf Schlag 2.
Catherine McMillan, Brunnadern

16 Hab Dank (Give Thanks)
Der erste Teil der eingängigen Melodie ist wohl der Zwilling von „Go West"... Ein Danklied, das tiefes Vertrauen ausdrückt. Durch Jesus werden unsere Wertmassstäbe auf den Kopf gestellt: Gerade was schwach ist vor der Welt, hat Gott auserwählt (1 Kor 1,27): In Gott spricht der Schwache: „Ich bin stark" und der Arme: „Ich bin reich."   Irene Stäheli, Grabs
Ein gutes Lied beim Abendmahl. Auch wenn das Opfer Jesu ein Geheimnis bleibt, hilft uns das Lied, einen emotionalen Zugang dazu zu finden. Das Abendmahl will auch die Schwachen stärken und die Armen reich machen.   Catherine McMillan, Brunnadern

17 Danke (für diesen Festtag heute)
Wohl kaum ein anderes Lied löst gerade bei kirchlich Distanzierten noch einen Aha-Effekt aus: „Kenne ich doch!" Und vor allem bei Hoch-Zeiten des Lebens kommen ja Menschen auf Kirchgemeinden zu, die froh sind um jeden bestehenden Anknüpfungspunkt. Mag sein, dass dem/der regelmässigen Kirchgänger/in das „Danke-Lied" in seiner Originalfassung etwas verleidet ist – aber mit dem neuen Text zur Hochzeit, der meiner Meinung nach wesentlich tiefgründiger ist als das Original, erlebt das Lied mit seiner bekannten Melodie zumindest an diesem besonderen Tag im Leben eines Paares und seiner Festgemeinde eine Renaissance.
Henning Hüsemann, Wittenbach

18 Danke für alles, was du gibst, Herr
Dieses Lied eignet sich gut für den Anbetungsteil, für Hochzeiten, Taufen und Segnungen. Es verkündigt Gott als Quelle allen Lebens und dankt ihm für sein Versorgen. Es führt die feiernde Gemeinde zu einer dankbare Grundhaltung: Wir sind von Gott beschenkt, geliebt

Kurzkommentare zu den Liedern
verfasst von Mitgliedern der Spurgruppe Repertoire

und geachtet. Für Begleitmusiker/innen: Der A-Teil bietet sich mit seinen Harmonien als übersichtlicher Improvisationsteil an. Oliver Wendel, Weinfelden/Brunnadern

19 Wer bittet, dem wird gegeben (Vater, ich danke dir)
Im ersten Teil ist Matthäus 7,7–11 vertont. An dieser Stelle spricht Jesus von Gott als fürsorglichem Vater. Das Lied richtet den Blick auf die gütige Seite unseres Gottes. Im Refrain danken wir Gott und erinnern uns daran, dass schliesslich alles von ihm kommt. Im Gottesdienst gut geeignet als Lied vor den Fürbitten. Musikalisch ist geradlinige Beat-Musik mit durchgehenden Achteln empfohlen, um das energische Klopfen – wer anklopft, dem wird aufgetan – zu veranschaulichen. Oliver Wendel, Weinfelden

20 Wo ich auch stehe
Dieses Lied hat mich schon beim Intro berührt. Der 6/8-Takt ermutigt in einer lieblichen Art und Weise zu einem leichteren Weitergehen. Der Text zeigt auf, dass wir alle von Gott „trotzdem" geliebt werden und wir für alles einfach dankbar sein sollten. Ein Lied, das jüngere und ältere Menschen anspricht. Daniela Lendenmann, Appenzell

21 Zeichen deiner Liebe
Ein 2-strophiges Dankeslied mit einem 3-stimmigen Refrain. Das Lied ist „fetzig" und hat eine anmutige Melodie. Der Refrain ist schmissig und lobt Gottes Treue, Gnade und Gunst: Zeichen der grossen Liebe Gottes. Das Lied eignet sich sehr gut für den Erntedank. Gott lässt den Samen spriessen, lässt es fruchtbar werden. Das Lied sollte uns dankbar machen, weil Gott selber uns immer wieder sein Zeichen der Liebe zeigt: in allen Dingen, aber besonders durch in seiner Gnade. Das Lied hat eine für die ganze Gemeinde geeignete Tonlage und ist für jedermann gut singbar. Lothar Sterki, Frauenfeld

22 Dein Wort ist ein Licht ist ein Licht auf meinem Weg (Thy Word)
Ein wunderschöner Song, ein richtiger Ohrwurm, von Amy Grant & Michael W. Smith, den Pionieren des christlichen Pop-Songs. Der Text ist der bekannte Vers aus Psalm 119,105: „Du bist meines Fusses Leuchte und ein Licht auf meinem Weg." Liturgisch passend nach der Schriftlesung. Irene Stäheli, Grabs / Gisela Bertoldo, St. Gallen

23 Selig seid ihr
Dieses beliebte Kirchentagslied ist schlicht, einfach zu singen und doch durch seine Harmonien interessant zu gestalten, vor allem auch durch den „abweichenden" zweiten Teil in den Strophen 3, 6 und 7. Das Gedicht überträgt ein Kernstück der Lehre Jesu – die Seligpreisungen aus Matthäus 5,3–11 – in den Alltag. Die 8 Strophen geben die ersten 8 Seligpreisungen nicht wörtlich wieder, treffen aber ihre Botschaft genau. Das Lied macht Mut zu einem solidarischen Lebensstil und tröstet auf dem oft harzigen Weg der

Kurzkommentare zu den Liedern
verfasst von Mitgliedern der Spurgruppe Repertoire

Nachfolge. Es könnte gut nach Schriftlesung, Predigt oder Fürbitten gesungen werden.
Catherine McMillan, Brunnadern

24 Anker in der Zeit
Ein unverbrauchtes Bild für Christus: Der Anker hält mein Schiff fest, wenn es Gefahr läuft abzutreiben, ist aber nicht einfach fix angebunden; ich kann den Anker jederzeit einziehen und weiterfahren, mein Ziel ansteuern; der sichere Anker ist dabei. Der Anker gibt mir den nötigen Halt; mit ihm wage ich mich selbst in unbekannte Gewässer. Ein Lied, das auf einer einzigen musikalischen Idee aufbaut und diese variiert – genau wie die vielseitigen Beschreibungen Gottes im Text.
Irene Stäheli, Grabs

25 Du hast Erbarmen
Der Liedtext basiert auf dem Vers aus dem Propheten Micha 7,18 „Wer ist ein Gott wie du, der du Schuld verzeihst und dem Rest deines Erbvolkes das Unrecht vergibst? Gott hält nicht für immer fest an seinem Zorn; denn er liebt es, gnädig zu sein." Albert Frey formt daraus einen Anbetungschorus, der sich in seiner Schlichtheit schnell einprägt und trotzdem nicht seicht oder oberflächlich daherkommt. Die beiden Chorusteile sind aus einfachen Rhythmuspatterns zusammengefügt, die einerseits den natürlichen Sprachrhythmus bewahren und anderseits dazu beitragen, dass der Song sehr schnell gelernt werden kann. Wie viele Lieder von Albert Frey ein ideales Gemeindelied!
Stephan Giger, Wil

26 Kraft der Auferstehung
Ostermorgen, nach durchwachter Nacht: Das Grab ist leer. Der darin lag, ist fort. Eine Kraft, die alles übersteigt, hat ihn herausgerissen und ihm unsterbliches Leben eingehaucht. Von nun an wird er für immer leben: Jesus Christus, der durch die Kraft des Heiligens Geistes den Tod überwunden hat. Das Lied handelt davon, dass wir den gleichen Zugang haben zu dieser Kraft wie Jesus. Aber wir sollen darum bitten. Deshalb die Einladung im Refrain an den Heiligen Geist, uns sein kraftvolles Leben einzuhauchen. Die Rhythmik und Melodie lässt den ganzen Körper kraftvoll mitschwingen und macht den Song zu einem grossen Gebet – einem Gebet für ein persönliches Ostern im Alltag. Ein Lied also, das in unseren Kirchen hoffentlich nicht nur an Ostern Einzug hält.
Thomas Schramm, Weinfelden/St. Gallen

27 Meine engen Grenzen
Dieses Lied passt gut zur Feier des Abendmahls. Es handelt davon, dass wir vor Gott stehen und ihn um Vergebung und Bewahrung bitten. Der Text ist angelehnt an Psalm 25,17: „Erlöse mich von den Ängsten meines Herzens, führe mich heraus aus meinen Nöten."
Judith Keller, Kesswil/Goldach

Kurzkommentare zu den Liedern
verfasst von Mitgliedern der Spurgruppe Repertoire

28 Gott spannt leise feine Fäden

Dieses leise Lied begleitet mich seit meiner Jugend. Es malt ein wunderbares Bild und lädt uns ein, mit kleinen Gesten, mit einem Anfang, unseren Glauben im Alltag konkret werden zu lassen. Damit passt es in den Bereich der Verkündigung oder auch der Sendung. Die Strophen sind musikalisch eher anspruchsvoll und können sehr gut von einem/-r oder mehreren Solisten/-innen übernommen werden. Die kleinen Tempowechsel zwischen den Teilen machen das Lied spannend, stellen aber an die Begleitung und Singleitung leicht erhöhte Anforderungen. Andreas Hausammann, St. Gallen

29 Gib deinen Frieden

Dieses Lied wurde bei einem internationalen Jugendfestival in Medjugorje (Kroatien) in vielen Sprachen gesungen und von einem Bruder des Klosters Disentis in die Schweiz mitgebracht. Der Text knüpft am letzten Teil des „Agnus Dei" aus der Abendmahlsliturgie der katholischen und lutherischen Kirche an. In reformierter Freiheit können wir das Lied dort singen lassen, wo meditative Innigkeit und unsere Verbundenheit mit der weltweiten Christenheit gestärkt werden sollen, zum Beispiel bei den Fürbitten oder während der Austeilung des Abendmahls. Zeit lassen, öfters wiederholen, mit Instrumenten und Harmoniestimmen gestalten, mal leise, mal lauter. Bittet Gemeindeglieder internationaler Herkunft, eine Strophe in ihrer Muttersprache zu schreiben und/oder vorzusingen! Catherine McMillan, Brunnadern

30 Gott, du bist die Hoffnung (Und ein neuer Morgen)

Ein starkes Lied aus dem Rise-up-Liederbuch, das die Gemeinde leicht singen kann. Der Refrain muss dennoch geübt werden, weil die Melodie ein paar überraschende Wendungen nimmt. Inhaltlich greift das Lied verschiedene Gedanken auf: Neuanfang nach Zerbrochenem ist immer und jederzeit möglich. Der Blick geht von mir weg auf die ganze Erde. Gott ist dort, wo Schwierigkeiten im Leben auftreten, und begleitet mich auf dem Weg zu etwas Neuem. Andreas Korsch, Berneck-Au-Heerbrugg

31 Nimm diese Hände

Ein Lied von Hermann Rohde, das in den Alltag und zum Handeln ruft. Es ist in franziskanischer Tradition sowohl an Gott als auch an meine Mitmenschen gerichtet: Gott, mach mich zu einem Werkzeug deines Friedens. Ich stelle mich Gott zur Verfügung siehe – auch Römer 12,1 – damit er durch mich anderen Menschen begegnen kann. Eine liebliche Melodie im leichten 3/4-Takt, gepaart mit einem herausfordernden Text voller Hingabe und Demut. Gut, dass wir diese Lieder einander und uns selber „zusingen" können, auch wenn das Herz manchmal noch ein bisschen hinterher hinkt. Andreas Hausammann, St. Gallen

Kurzkommentare zu den Liedern
verfasst von Mitgliedern der Spurgruppe Repertoire

32 Am Abend der Welt

„Selbst in der tiefsten aller Krisen bist Du, Gott, uns Menschen nah" – damit ist klar, worum es in diesem wunderschönen Lied von Clemens Bittlinger und David Plüss geht: Wir sind nicht allein in unserer unvollkommenen Welt und in unseren persönlichen Nöten. Die tröstliche, „klassisch" inspirierte Melodie, zu der das instrumentale Vor- und Zwischenspiel fest gehört, bringt diesen Trost berührend zum Ausdruck. Der dreistimmige Satz in der letzten Linie betont zusätzlich den Aspekt, dass hier vom „wir" gesprochen wird, nicht nur vom „ich". Dieses Lied gehört in den Bereich der Fürbitte.

Andreas Hausammann, St. Gallen

33 Klage

Eine durch J. S. Bachs Bearbeitungen wohlvertraute Melodie „O Haupt voll Blut und Wunden" mit einem modernen Text von Clemens Bittlinger – ein gewagtes, gelungenes Experiment, das Bezug nimmt auf den alten Choral und zum Ausdruck bringt, dass wir nicht nur unser Lob und unseren Dank zu Gott bringen dürfen, sondern auch unsere Tränen, unsere Trauer, unsere Fragen, unsere Erschöpfung, unsere Mühen und Plagen. Die altbekannte Melodie erlaubt diesen neuen Worten, im Kontrast zum Original deutlich in den Vordergrund zu treten. Chor- und Klaviersatz eignen sich zur Umsetzung in der Gemeinde und/oder mit einem gemischten Chor.

Andreas Hausammann, St. Gallen

34 Regenbogen

Ein Lied, das in unsere Leiden und Nöte spricht und bis in unsere unverstandene Tiefe dringt. Der Refrain nimmt das schöne Hoffnungsbild des Regenbogens auf und malt mit seiner melancholischen Melodie einen Bogen unter den nächsten bis hinunter auf den musikalischen Grund: der Himmel, der sich im Leid mit uns vereint und herunterneigt bis zum Menschen, um das Licht der Hoffnung in unser Dunkel zu bringen.   Irene Stäheli, Grabs

35 Ich bin bei dir

Dieses Lied wurde bei der Abdankung einer vierfachen Mutter gesungen, die jung an Krebs gestorben ist. Sie hatte jahrelang gekämpft. Der Glaube und eine immer tiefer werdende Spiritualität hatten ihr Halt gegeben. Wenn dieses Lied in einer solch trostlosen Situation ihrer ganzen Familie geholfen hat, kann es auch anderen Menschen in ihrem Leiden zum Segen werden. Wir brauchen nicht nur Loblieder, sondern auch Lieder, die zu uns sprechen, wenn wir schwach sind. Dieses Lied ist Zuspruch. Es ist zwar mutig, Worte in Gottes Mund zu legen, aber der Text wiederholt doch nur die alttestamentlichen Prohetenworte aus Jesaja 43,1–2+4; 49,15–16; Jeremia 29,11; 31,3, sowie die Worte Jesu bei Matthäus 11,28–30; 28,20 und Johannes 14,27. Dabei werden sehr authentisch die Erfahrungen heutiger Menschen aufgenommen, z.B. Schlaflosigkeit, Sinnlosigkeit, Zweifel, das Grübeln, das Gefühl, wertlos zu sein. Die Verheissungen Jesu in der Bergpredigt, dass Gott unsere Sorgen versteht, weil er jedes Haar auf unserem Haupt gezählt hat, und in der Offenbarung, dass Gott alle Tränen von unseren Augen abwischen wird, sind Grundlagen für die Zusagen im

Kurzkommentare zu den Liedern
verfasst von Mitgliedern der Spurgruppe Repertoire

Refrain. Das Lied weckt Vertrauen. Besonders passend am Ewigkeitssonntag, in der Passionszeit oder bei Abdankungen. Catherine McMillan, Brunnadern

36 Unser Vater

In Anlehnung an Matthäus 6,9–13 gelingt es Christoph Zehendner und Hans-Werner Scharnowski, das Unser Vater in einer Sprache der heutigen Zeit neu zu vertonen. Der ruhige und anbetende Charakter des Liedes unterstreicht seinen Inhalt: Wir singen ein Gebet! Durch die eingängige Melodie sowohl der Strophen als auch des Refrain, ist es für die Gemeinde gut singbar. Eine willkommene Abwechslung zum gesprochenen Unser Vater – und das generationenübergreifend. Marcus Berndt, Gretschins

37 Du

Dieses einfache Lied spricht aus der Perspektive von Gott Vater, der seinem Kind seine Liebe und Zuwendung zuspricht. Der Refrain ist kurz und kann wiederholt gesungen, bis sein Inhalt im eigenen Herz Gestalt gewinnt. Der Text der Strophe hat den Schöpfungstext der Bibel zur Grundlage. Gott schuf, sah es an und sprach: „Und alles, was ich tat, war gut!" Das Lied erhält damit eine seelsorgerliche Komponente. Gerade angesichts hoher Anforderungen an mich macht das Lied mir Mut: Ich bin Gottes Kind, perfekt geschaffen, und mein Schöpfer hat Freude an mir! Michael Giger, Rorschach/Altstätten/Buchs
Mit der Zusage in Jesaja 43,1 „Du bist mein!" und der Erinnerung an die Stimme Gottes bei der Taufe Jesu in Markus 1,11 „Du bist mein geliebter Sohn, an dir habe ich Wohlgefallen." eignet sich dieses Lied besonders zur Taufe. Catherine McMillan, Brunnadern

38 Es Gschänk vom Himmel

Ein fröhliches Lied, das besonders gern zur Taufe gesungen wird. Auch wenn Mundartlieder schnell den Eindruck erwecken, nur für Familien- oder Taufgottesdienste geeignet zu sein, gibt dieses Lied auch uns Erwachsenen eine wichtige Botschaft weiter. Ich bin ein Geschenk, mein Leben ist ein Zeichen der Liebe Gottes an mich. Gott erwartet gerne meine Antwort, so wie wir die Taufe für unsere Kinder mit einem Ja bestätigen. Gisela Bertoldo, St. Gallen

39 Seht das Kind

Ein wunderschöner, schnörkelloser Weihnachtstext mit Tiefgang vom deutschen Pfarrer und Liedermacher Johannes Jourdan, zu dem mir gleich eine Melodie direkt aus dem Herzen in den Sinn kam. So entstand ein neues, etwas anderes Weihnachtslied, groovig und fröhlich, das hoffentlich eine gute Weile nachklingt. Irene Stäheli, Grabs

40 Durch das Dunkel

„Durch das Dunkel hindurch scheint der Himmel hell." Der Text dieses Liedes findet immer neue Bilder für das, was unser Leben hell macht. Das neue Wort, der neue Weg, das Brot,

Kurzkommentare zu den Liedern
verfasst von Mitgliedern der Spurgruppe Repertoire

der Bund mit Gott. Es ist ein Verkündigungslied, das sich gut geeignet, um die Predigt zu unterstreichen oder zum Abendmahl überzuleiten. Mir gefällt in der Melodie die dreimalige Aufwärtsbewegung „steht auf, steht auf, steht auf". Ich kann dabei nicht sitzenbleiben.

Katharina Hiller, Rapperswil

41 In einer fernen Zeit

Wie soll ein zeitgenössisches Passionslied das Leiden Jesu beschreiben und den Tod Jesu theologisch verantwortlich deuten? Der Dichter greift dazu auf die Form des Gebets zurück, das den Leidensweg Jesu betrachtet. Der Komponist unterstreicht diesen betrachtenden Charakter des Liedes durch die Tonart sowie eine geradezu schwebende Melodieführung. Wer dieses Lied mitsingt, geht diesen Weg meditierend mit, ohne dass er von einem bestimmten theologischen Deutungsversuch vereinnahmt wird.
Mehrmals bekräftigt die singende Gemeinde das Geschehene im „Amen". So wird die Passion Jesu singend vergegenwärtigt und eröffnet Antworten auf die Frage, „was wirklich trägt und hält." Liturgisch verorte ich das Lied in den Bereich der Verkündigung, weil es eine Vielzahl von biblischen Bezügen aufweist.

Carl Boetschi, St. Gallen

42 Atem Gottes

In diesem zweiteiligen Liedruf lässt die Musik von Albert Frey bewusst viel Raum. Sie öffnet, weitet: Der Atem Gottes soll wirken. Dieser „Atem Gottes" hat es mir angetan. Für mich eines der treffendsten Bilder, um die geheimnisvolle dritte Person Gottes, den Heiligen Geist, zu beschreiben. Ein Pfingstlied, das auch in fast jedem anderen Gottesdienst seinen Platz finden kann.

Stephan Giger, Wil

43 Von guten Mächten

Die Spurgruppe Repertoire hat beschlossen, diese beliebte Vertonung des berühmten Bonnhoeffer-Gedichts zum Jahreswechsel als Singtag-Lied zugänglich zu machen, weil sie in Stil und Form bestens zur popularmusikalischen Praxis in unseren Gemeinden passt. Andere, womöglich kunstvollere Vertonungen wie jene von Kurt Grahl (Rise up 40) und Otto Abel (Rise up 246) berücksichtigen eher die Schwere der Situation, in der der Liedtext entstand, Siegfried Fietz' Version betont das Leichte, die Zuversicht, das hoffnungsfrohe "Trotzdem", das uns ebenfalls aus Bonnhoeffers Text entgegenleuchtet und uns vertrauensvoll einstimmen lässt in die eingängige Melodie.

Andreas Hausammann, St. Gallen

44 Du bist der Herr, der mein Haupt erhebt

Das Lied beginnt in einem herzhaft erfrischenden Stil, mit Aussagen, wer Gott für mich sein kann. Eine vertrauensvolle Proklamation, dass mein Gott mich erhebt, mir Kraft schenkt, ja, mich persönlich ruft, mich belebt und mir sogar Rückenwind gibt. Im ruhiger gehaltenen zweiten Teil begegnet mir Gott in meinem Zweifel, meinen Ängsten, indem er mir vertraut, an mich glaubt, ja, mich sogar herausfordert, den Weg mit ihm zu gehen und mich seiner

Kurzkommentare zu den Liedern
verfasst von Mitgliedern der Spurgruppe Repertoire

führenden Hand anzuvertrauen. Der dritte Teil des Liedes ist eine Bitte an den Geist Gottes, den „Wind des Herrn", in meinem Leben präsent und aktiv zu sein. Der Geist Gottes will uns Beistand, Kraft und Orientierung sein.　Michael Giger, Goldach

45 Von allen Seiten umgibst du mich
Diesem schönen Lied liegt Psalm 139 zugrunde. Es stammt aus der Feder des deutschen Theologen und bekannten Liedermachers Eugen Eckert sowie des deutschen Musikers Torsten Hampel. Beide sind mit der Kirchenmusikband Habakuk verbunden, die seit den 70er Jahren sehr viele neue Lieder „in Umlauf gebracht" haben. Der Glaube, ja, die Zuversicht, stets von Gott und seiner gnadenvollen Hand umgeben zu sein, steht hier im Zentrum: Gott ist und bleibt bei mir. Auf den ersten Blick erscheint das Lied kompliziert, lässt sich aber wegen den Text- und Melodiewiederholungen sowie einem eingängigen Refrain rasch lernen. Es kann ein- oder mehrstimmig gesungen werden. Auch eine Aufteilung der blockartig strukturierten Strophen auf Solo/Gruppe – Gemeinde ist denkbar. Die etwas überraschenden Stropheneinsätze sind immer durch einen gleichen Piano-Auftakt vorbereitet. Das Lied lässt sich z.B. als Bekenntnislied oder auch als Segenslied einsetzen.
David Bertschinger, Rapperswil-Jona

46 Der Herr segne dich
Der Aaronitische Segen aus Numeri 6,24 –26 liegt diesem wunderbaren Lied zugrunde: Du sollst gesegnet sein in allen Hochs und Tiefs deines Alltags, im Gelingen und Versagen deines Lebens. Und ebenso sollst du selbst durch Gottes Gnade ein Segen sein für andere. Ein sehr ansprechendes, ermutigendes Segenslied.　Irene Stäheli, Grabs

47 Das wünsch ich dir
Ein Lied voller Wünsche für ein gelingendes Leben unter Gottes Geleit. Geeignet als Segenslied im Gottesdienst und für Lagerabschlüsse, Übergänge, Konfirmationen, Aussendung, Verabschiedung von Mitarbeiter/-innen, aber auch. Als Variante: Solosänger/-innen eine halbe oder ganze Strophe vortragen und die Gemeinde im Chorus einstimmen lassen.　Oliver Wendel, Weinfelden/Brunnadern

48 Sei behütet Tag und Nacht
Ein Segenslied, das in jeden Gottesdienst passt. Die zweite Strophe gefällt mir besonders, weil Gott uns beflügelt und wir unter seinem Schutz die Welt entdecken dürfen.
Andreas Korsch, St. Gallen

Alphabetisches Inhaltsverzeichnis

Alphabetisches Inhaltsverzeichnis

Kurzkommentare zu den Liedern